MAO

THE MOMENT OF BRIGHTNESS

浅田真央 公式写真集

Shooting by Tsutomu Takasu／Masami Murao

いつもたくさんのご声援、ありがとうございます。

初めてスケート靴をはいた5歳の時から、15年が経ちました。

姉の舞と一緒に、近所のスケート場で始めて以来、

毎日毎日がただ楽しくて、スケートを続けて来ました。

そんな私も19歳になり、少し大人になりました。

不安になったり、思うような演技が出来なかったり、悲しくなったり…。

でもいつも、家族、コーチ、スタッフの方々、

応援して下さる皆さんに支えていただき、乗り越えて来ました。

そして2010年、今年はいよいよオリンピックに出場します。

小さい頃から目標にしてきた舞台、本当にわくわくしています。

どんな試合でも皆さんの声援が、私の演技の大きなエネルギーになります。

15年間、スケートを通じて学んだことのすべてを出し切り、

バンクーバーで最高の演技をしたいと思います。

浅田真央

7.10.2007. YOKOHAMA

静寂
Silence

銀盤に舞い降りた氷上の女神

静寂の中で情熱を内に秘め

跳び立つその瞬間を待つ

16.11.2008.PARIS

16.11.2008.PARIS

13:00:25

修練
Training

その日の練習ですべき事が出来ない時は泣くこともある

練習で成功しなければ、本番では成功しないのだから

365日、52万5600分間の在り方が、4分間の奇蹟を生む

16.11.2008.PARIS

16.11.2008.PARIS

15.11.2008.PARIS

27.12.2008.NAGANO

3.10.2009.SAITAMA

軌跡
Locus

無心で奏でる美しい曲線

妖精が舞った跡のように

光り輝く翅粉が残る

3.10.2009.SAITAMA

意志

Will

試合のために跳んでいるんじゃない

その技に挑みたいから、跳んでいる

3.10.2009.SAITAMA

LOTTE
KOSÉ

16.10.2009.PARIS

16.10.2009.PARIS

16.10.2009.PARIS

舞台

Stage

何かを起こそうとする意志と

何かが起きそうという期待

エッジの先に魂が宿る

16.10.2009.PARIS

16.10.2009.PARIS

ERIC BOMPARD

16.10.2009.PARIS

17.10.2009.PARIS

17.10.2009.PARIS

跳躍

Jump

観る者の想像を軽々と超えていく

引力さえも味方につけて

地球よりも少しだけ速く

美しい回転軸を描く

17.10.2009.PARIS

23.10.2009.MOSCOW

ОВАНИЙ!
B3
КУБОК РОСТЕЛЕКОМА ПО ФИГУР
ОСТЕЛЕКОМ
SUBAR
ЕРАЦИЯ ФИГУРНОГО
КАТАНИЯ НА КОНЬКАХ
РОССИИ

23.10.2009.MOSCOW

23.10.2009.MOSCOW

НТВ-ПЛЮС
РОСТЕЛЕКОМ
SUBARU

天性
Nature

先入観を持たずに、本能と感性で滑る

自分の心の声に耳を澄ます

24.10.2009. MOSCOW

24.10.2009.MOSCOW

23.10.2009. MOSCOW

МОСКОМСПОРТ
ПРАВИТЕЛЬСТВО МОСКВЫ

KOSÉ

26.12.2009.OSAKA

26.12.2009.OSAKA

JSF
第78回
Japan Figure Skating Championships
全日本フィギュアスケート選手権大会
OMRON
DAKS
東進ハイスクール
LOTTE LOTTE LOTTE
JSF

笑顔

Smile

凛としているのに柔らか

観る者を虜にするそのほほ笑みは

彼女のスケーティングそのもの

26.12.2009.OSAKA

26.12.2009.OSAKA

26.12.2009.OSAKA

東進

27.12.2009.OSAKA

27.12.2009.OSAKA

27.12.2009.OSAKA

歓喜
Delight

鳴り止まぬ拍手と歓声

人知れず流した何万粒もの汗と涙は

いま、その頂点で光り輝く結晶になる

27.12.2009.OSAKA

頂点

Top

人は人生の中でいくつかの山を登る

彼女が選んだ五輪という山も決して易しい道のりではない

技術を磨き、自分を信じ、不安を跳ね返し

緊張を味方につけた者だけが立つことを許される場所

その頂に立った彼女の視界には

どんな世界が広がっているのだろう

27.12.2009.OSAKA

7.10.2007. YOKOHAMA

7.10.2007. YOKOHAMA

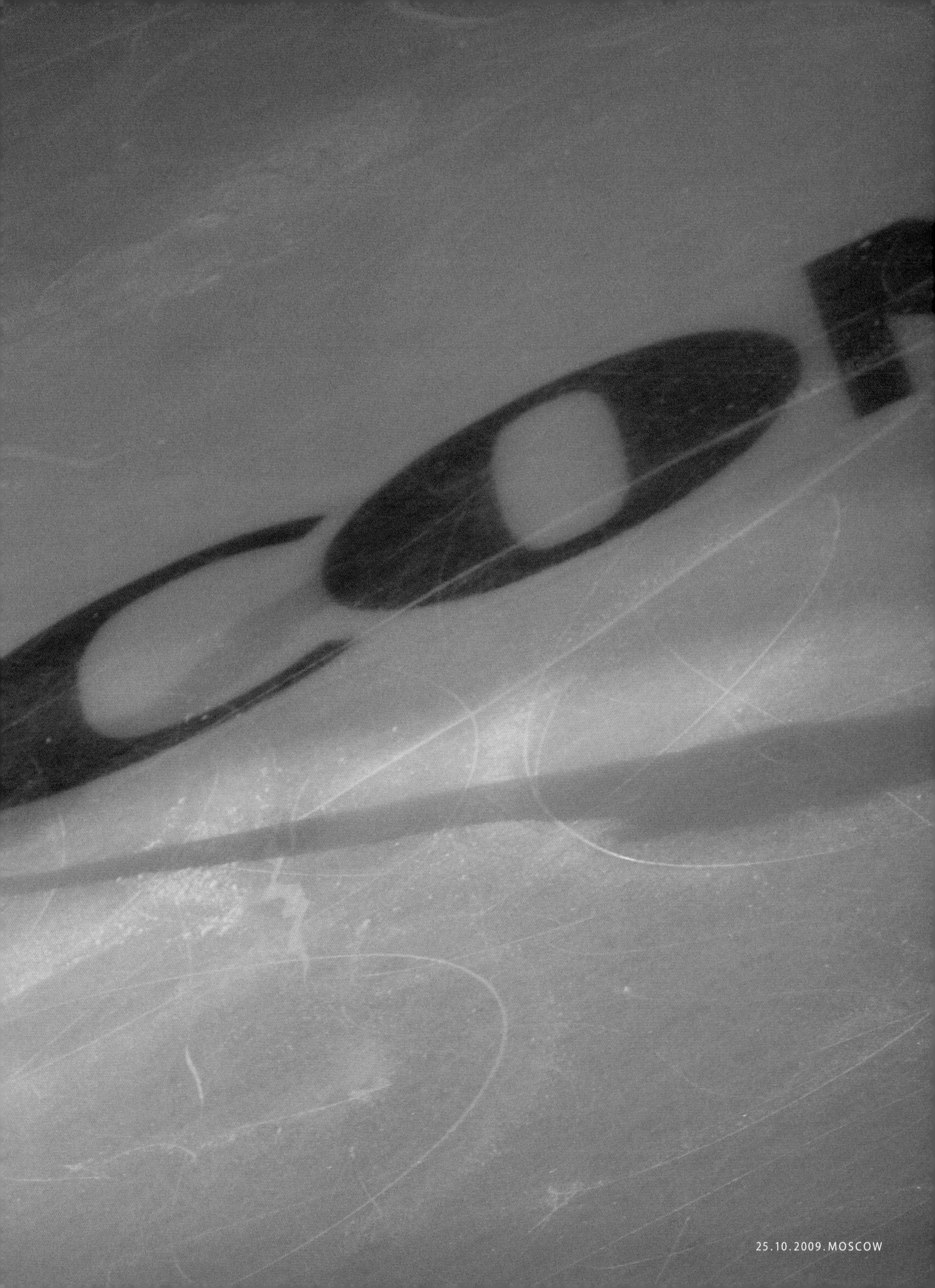

25.10.2009. MOSCOW

18.10.2009.PARIS

18.10.2009.PARIS

28.12.2009.OSAKA

28.12.2009.OSAKA

28.12.2009.OSAKA

17.10.2009.PARIS

浅田真央公式写真集 MAO

2010年1月31日　第1刷

著者：浅田真央

撮影(競技)：高須力

撮影(オフショット)：村尾昌美

トータルプロデュース：苅部達矢

アートディレクション：大杉学(3.14CREATIVE)

デザイン：須永英司(3.14CREATIVE＋[702] DESIGN WORKS)

ヘアメイク：高橋ナナ

スタイリスト：戸倉祥仁

衣装協力：Lilly del salone

Special Thanks：中京大学

発行人：岩渕 徹

発行所：株式会社 徳間書店

〒105-8055 東京都港区芝大門2-2-1

TEL 03-5403-4379(編集) 048-451-5960(販売)

振替 00140-0-44392

(編集担当) 堀口健次

印刷・製本：中央精版印刷株式会社

ISBN 978-4-19-862893-2

MAO ASADA PROFILE

浅田 真央（あさだ・まお）

生年月日	1990年9月25日
出身地	愛知県名古屋市
身長	163cm
スケート開始	1995年
所属クラブ	中京大学スケート部

主要大会成績

	年	大会名	順位	総得点
04-05シーズン	2004	ジュニアGPファイナル	1位	172.83
	2004	全日本選手権	2位	166.82
	2005	世界ジュニア選手権	1位	179.24
05-06シーズン	2005	GPシリーズ中国大会	2位	176.60
	2005	GPシリーズフランス大会	1位	182.42
	2005	GPファイナル	1位	189.62
	2005	全日本選手権	2位	188.10
	2006	世界ジュニア選手権	2位	153.35
06-07シーズン	2006	GPシリーズアメリカ大会	3位	171.23
	2006	GPシリーズNHK杯	1位	199.52
	2006	GPファイナル	2位	172.52
	2006	全日本選手権	1位	211.76
	2007	世界選手権	2位	194.45
07-08シーズン	2007	GPシリーズカナダ大会	1位	177.66
	2007	GPシリーズフランス大会	1位	179.80
	2007	GPファイナル	2位	191.59
	2007	全日本選手権	1位	205.33
	2008	四大陸選手権	1位	193.25
	2008	世界選手権	1位	185.56
08-09シーズン	2008	GPシリーズフランス大会	2位	167.59
	2008	GPシリーズNHK杯	1位	191.13
	2008	GPファイナル	1位	188.55
	2008	全日本選手権	1位	182.45
	2009	四大陸選手権	3位	176.52
	2009	世界選手権	4位	188.09
	2009	国別対抗戦	1位	201.87
09-10シーズン	2009	GPシリーズフランス大会	2位	173.99
	2009	GPシリーズロシア大会	5位	150.28
	2009	全日本選手権	1位	204.62
	2010	四大陸選手権		
	2010	バンクーバー五輪		
	2010	世界選手権		

めし、豚汁コーナー
めし 小盛 ¥136
めし ¥189
めし 大盛 ¥241
とてめし 小盛 ¥441
とてめし ¥493
とてめし 大盛 ¥546
豚汁（赤だし） ¥157

CHUKYO UNIVERS

Outside of stage

ステージを離れれば19歳の素顔があふれ出す

ニチレイ
ニチレイ
ニチレイ
KOSÉ
ニチレイ
OMRON
ニチレイ